Tengo Un Gran Trabajo.

¡Soy Una HERMANA MAYOR!

Mi Increíble Série de Comportamiento Para Niños Pequeños

Un Libro Infantil Con Mensajes Positivos Sobre La Llegada De Un Hermanito o Hermanita (2-4 Años)

Por
Suzanne T. Christian

TWORAVENS
BOOKS

Two Little Ravens
CHILDREN'S NON-FICTION BOOKS

ISBN de la edición en tapa blanda: 9781968080211
ISBN de la edición en tapa dura: 9781968080228
ISBN de la edición digital: 9781968080235

Publicado en los Estados Unidos por Two Ravens Books LLC,
254 Chapman Rd, Ste 209, Newark DE 19702

'Ampliando mentes, liberando imaginaciones, una obra a la vez'.
www.tworavensbooks.com

Un Libro de Afirmaciones Para Niñas Pequeñas

Convirtiéndose en Hermanas Mayores

Este libro dulce y alentador, lleno de frases positivas, simples y apropiadas para esta tierna edad, está pensado especialmente para niñas pequeñas que están adaptándose a la llegada de su nuevo hermanito o hermanita. Al leerlo juntos, tu hija descubrirá lo que significa ser una hermana mayor cariñosa y segura, sintiéndose querida en todo momento.

Cada página muestra escenas tiernas y memorables de la vida cotidiana, con las que es fácil identificarse, a través de ilustraciones coloridas que enseñan las alegrías y pequeños desafíos de este gran cambio. Gracias a la repetición de las afirmaciones positivas, tu niña acogerá su nuevo rol con orgullo y mucho amor.

Haz de este libro parte de tu rutina de lectura antes de dormir y disfruta viendo a tu pequeña crecer en su importante tarea, ¡con risas, ternura y muchos abrazos!

Suzanne T. Christian

Soy una hermana mayor,
¡y este es mi trabajo
súper especial!

Comparto mi osito favorito
con el/la Bebé _____.

Con mis manos suaves, ayudo a que el/la Bebé _____ esté seguro/a. ¡Soy una hermana mayor!

Comparto mis dibujitos para que el/la Bebé _____ vea todos los colores bonitos.

Hago un baile gracioso
para que el/la Bebé
_____ se ría.

Mis muecas graciosas hacen reír
al/a la Bebé _____.

Los deditos del/de la Bebé _____ me hacen sonreír.

Si me siento triste, le pido un abrazo a Mamá.

Me encanta compartir mis cuentos para dormir.
¡Soy una hermana mayor!

Le digo "hola" con la mano
cuando el/la Bebé
_____ se despierta.

El/la Bebé _____ se ríe cuando hago trompetillas.

¡pfft!

Mi familia nos quiere muchísimo,
a mí y al/a la Bebé _____.

Si el/la Bebé deja
caer un juguete,
lo recojo con cuidado.

Mamá dice que soy
una gran ayudante.
¡Soy una hermana mayor!

Espero pacientemente
cuando Mamá alimenta
al/a la Bebé.

Está bien si el/la Bebé _____ llora a veces. ¡Así es como hablan los bebés!

Mis palabras son suaves y amables; ¡soy una hermana mayor!

Ayudo al/a la Bebé
_____ a aprender
cosas nuevas cada día.

Mi voz bajita ayuda al/a la Bebé _____ a dormir.

¡Soy una hermana mayor!

Ayudo a elegir la ropita para
el/la Bebé _____.

Mi trabajo es muy importante.
¡Soy una hermana mayor!

Tengo Un Gran Trabajo.

¡Soy Una HERMANA MAYOR!

¡Fin!

Mi Increíble Serie de Comportamiento
Para
Niños Pequeños

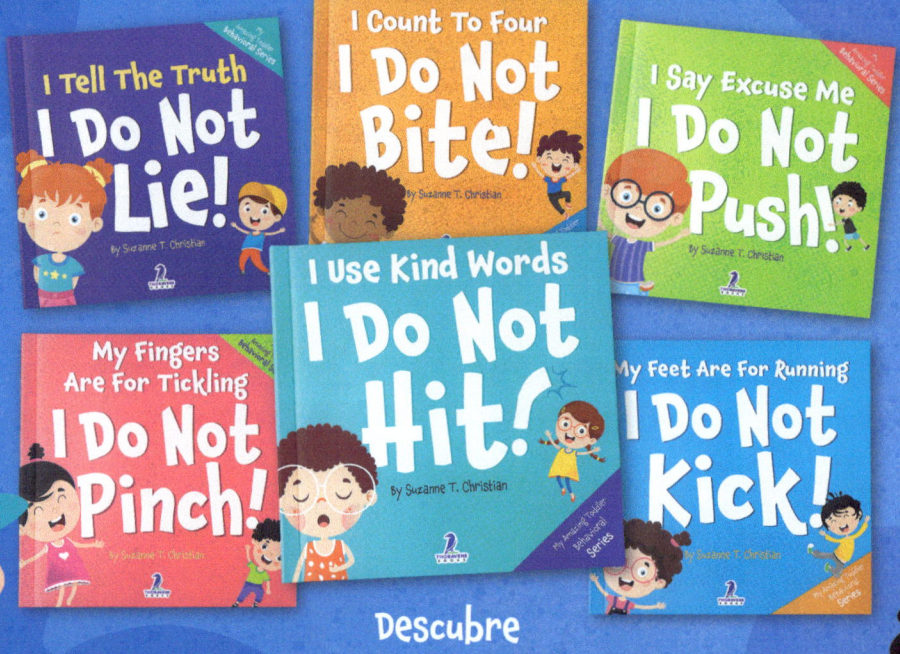

Descubre
la querida serie de Suzanne T. Christian
'Mi Increíble Serie de Comportamiento
Para Niños Pequeños.'
¡Los pequeños lectores seguramente la disfrutarán!

Querido y Maravilloso Lector,

Qué alegría tenerte aquí, acompañándome en **"Tengo Un Gran Trabajo. ¡Soy Una Hermana Mayor!"** Muchas gracias por sumergirte en esta aventura. Si este libro tocó tu corazón o marcó una diferencia en la vida de un pequeño lector, te invito a compartir tus opiniones en una reseña. Tus palabras no solo me inspiran para mi trabajo futuro, sino que también ayudan a otros a descubrir la magia de estas páginas.

Si tienes ideas o sugerencias para hacer este libro aún más especial, ¡me encantaría escucharlas! Escríbeme a suzanne.christian@tworavensbooks.com. Tu opinión es muy importante para mí y la valoro muchísimo.

Con cariño y gratitud,

Suzanne

www.ingramcontent.com/pod-product-compliance
Lightning Source LLC
Chambersburg PA
CBHW041439120626
46547CB00002B/273